BEI GRIN MACHT SICH IHR WISSEN BEZAHLT

- Wir veröffentlichen Ihre Hausarbeit,
  Bachelor- und Masterarbeit

- Ihr eigenes eBook und Buch -
  weltweit in allen wichtigen Shops

- Verdienen Sie an jedem Verkauf

Jetzt bei www.GRIN.com hochladen und kostenlos publizieren

Bibliografische Information der Deutschen Nationalbibliothek:

Die Deutsche Bibliothek verzeichnet diese Publikation in der Deutschen National-
bibliografie; detaillierte bibliografische Daten sind im Internet über http://dnb.d-
nb.de/ abrufbar.

Impressum:

Copyright © 2017 GRIN Verlag, Open Publishing GmbH
Druck und Bindung: Books on Demand GmbH, Norderstedt Germany
ISBN: 9783668459908

Mike G.

Einführung in die statistische Methodik

GRIN Verlag

GRIN - Your knowledge has value

Der GRIN Verlag publiziert seit 1998 wissenschaftliche Arbeiten von Studenten, Hochschullehrern und anderen Akademikern als eBook und gedrucktes Buch. Die Verlagswebsite www.grin.com ist die ideale Plattform zur Veröffentlichung von Hausarbeiten, Abschlussarbeiten, wissenschaftlichen Aufsätzen, Dissertationen und Fachbüchern.

Besuchen Sie uns im Internet:

http://www.grin.com/

http://www.facebook.com/grincom

http://www.twitter.com/grin_com

Statistik I Vorlesungstranskript

Diese folgende Arbeit beschäftigt sich mit der statistischen Analyse und führt in die grundlegenden Modelle wie Varianz, Erwartungswert, Kovarianz und Korrelation ein. Weiterhin werden die typischen Verteilungen Bernoulli, Binomial, Poisson und Hypergeometrisch sowie die Normal- und Standardnormalverteilung behandelt und anhand zahlreicher Beispiele angewendet. Als Vorlesungstranskript in den Vorlesungen entstanden und durch Sekundärliteratur (u.a. von John Rice) erweitert, eignet es sich nicht nur für die Universitäts-Klausurenvorbereitung, sondern auch für den Schulunterricht und die Marktforschung. Neben vielen Graphen, welche das theoretische noch einmal veranschaulichen sollen, sind am Ende auch sehr ausführliche Übungsaufgaben angehängt, selbstredend mit Lösungen. Nichtsdestotrotz werden bei der Einführung der verschiedenen Verteilungen und Themengebiete immer auch detaillierte (Praxis-)Beispiele musterhaft bearbeitet. Diese Arbeit ist somit auch für unerfahrene Leser leicht verständlich und nachzuvollziehen.

Themenübersicht
· Die Themen Wahrscheinlichkeitsrechnung, Zufallsvariablen, zweidimensionale Verteilungen, Erwartungswerte und Grenzsätze bilden die sog. **Grundgesamtheit**.
· Ist eine Theorie, nicht in der Realität zu beobachten, Modelle dienen der Abstraktion der Realität.
· Körpergröße-Modell mit einer nationalen Wahrscheinlichkeit ist nur theoretisch, da die Bezugswerte dynamisch und nicht statisch sind (Migration, Wachstum, Sterben).
→ Wir treffen die Annahme, dass wir alle Größen fassen könnten.
· Modelle werden in der Statistik I herausgearbeitet, in Statistik II werden repräsentative Daten zur Nutzung dieser Modelle gesammelt / erhoben.

1. Wahrscheinlichkeitsrechnung.
· 1.1 Mengen und Ereignisse.
· 1.2 Wahrscheinlichkeiten.
· 1.3 Kombinatorik.
· 1.4 Bedingte Wahrscheinlichkeiten.
· 1.5 Unabhängigkeit von Ereignissen.

1.1 Mengen und Ereignisse.
· **Zufall** ist ein Ereignis, dessen Ausgang man nicht kennt.
· Ω = **Ereignismenge**; Anzahl aller möglichen Ergebnisse (= **Ereignisse**) eines **Zufallsexperiments**.
· Beinhaltet Ereignismenge Ω nur ein Element, so wird es **Elementarmenge** genannt.

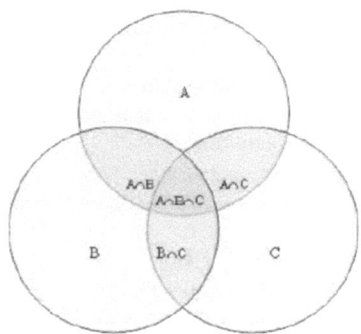

· **Venndiagramme.[1]**
· Graphische Veranschaulichung der Mengenlehre.

---
[1]Bildquelle: http://mathworld.wolfram.com

- **Schwächen des Modells.**
- Bildet die Mengen nicht proportional ab, sondern veranschaulicht lediglich.
- Selbst wenn Menge doppelt so viele Elemente enthält wie eine andere, werden beide trotzdem gleichgroß dargestellt.
  - **Sicheres Ereignis.**
- Wenn A = Ω, dann tritt ein Ereignis aus A zu 100% ein, weil alle möglichen Ereignisse zugleich auch alle gewünschten sind.
- Beim Münzwurf „Kopf" oder „Zahl" erhalten.
  - **Unmögliches Ereignis.**
- Wenn A = {}, dann tritt dies niemals ein, da jedes Zufallsexperiment mindestens zwei Ereignisse aufweisen muss.
- Beim Münzwurf „Buchstabe" erhalten.
  - **Teilereignis.**
- A c B, alle möglichen Ereignisse von A liegen zugleich in B, deshalb ist A Teilereignis von B.
  - **Äquivalente Ereignisse.**
- A = B, alle Ereignisse von A liegen auch in B.
  - **Schnittmenge.**
- A n B, Ereignisse, welche sowohl in A als auch in B liegen.
  - **Vereinigungsmenge.**
- A u B, Alle Ereignisse, welche sowohl in A als auch in B liegen (keine doppelt).
  - **Disjunkte Ereignisse.**
- A n B = {}, Mengen A und B schneiden sich nicht, haben keine gemeinsamen Ereignisse.
  - **Komplementärereignisse.**
- $\bar{A} = \Omega \backslash A$ oder $\bar{A} = \Omega - A$.
- Alle Ereignisse, welche nicht in A liegen, liegen in „A Strich".
- Wichtige Rechenregeln.
- $\overline{AnB} = \bar{A}u\bar{B}$.
- $\overline{AuB} = \bar{A}n\bar{B}$.
- $An(BuC) = (AnB)u(AnC)$.
- Wichtig beim Lösen von Mengenaufgaben.
- Inkludierend beschreiben, möglichst nicht exkludierend.
- Nicht: C umfasst alle die nicht in B sind, sondern C umfasst alle in A ohne B.

1.2 Wahrscheinlichkeiten.

- Darstellungen von Ereignissen und Mengen als Funktionen um Wahrscheinlichkeiten ausrechnen zu können.
- Zwei Bedingungen / Annahmen für Wahrscheinlichkeitsrechnungen.
- **Drei Kolmogoroff'sche Axiome** (Minimalforderungen für Wahrscheinlichkeiten).
- (1) P (A) $\geq$ 0
- (2) P (Ω) = 1
- (3) P (A u B) = P(A) + P(B) (wenn A und B disjunkt sind).

$\rightarrow$ Wahrscheinlichkeitsmaße heißen Funktionen P (A), welche diese drei Bedingungen erfüllen.

- **LaPlace Annahmen.**
- (1) Gleichverteilung (Jedes Ereignis ist gleich wahrscheinlich).

→ Gebräuchlichste Form der Wahrscheinlichkeitsrechnung.

- $P(A) = \frac{.|A|.}{.|\Omega|.}$
- **Rechenregeln für Wahrscheinlichkeiten.**

  $P(\Omega) = 1$

  $P(\emptyset) = 0$.

  $P(\bar{A}) = 1 - P(A)$
- Additionssatz: P (A∪B∪C) = P(A) + P(B) + P(C) + P(A∩B∩C) − P(A∩B) − P(B∩C) − P(C∩A)
- P (A\B) = P(A) − P(A∩B)
- A c B => P(A) ≤ P(B)

- **Kombinatorik.**
- Um die Menge an Ereignissen in A und Ω zu erhalten, ist das Zählen bei besonders vielen Zahlen sehr schwierig, deshalb ist Berechnung notwendig.
- **Permutation**: Jede mögliche Anordnung von Elementen, welche alle Elemente enthalten, wird über n-Fakultät n! abgebildet.
- **Kombination**: Ungeordnete Stichprobe (Reihenfolge ist egal).
- **Variation**: Geordnete Stichprobe (Reihenfolge relevant).
- Folgende wichtige Unterscheidung ist zu treffen.

	Mit Zurücklegen	Ohne Zurücklegen
Variation	$\Omega = n^k$	$\Omega = \dfrac{n!}{(n-k)!}$
Kombination	$\Omega = \dfrac{(n+k-1)!}{k! * (n-1)!}$	$\Omega =$ n über k

- **Abstraktion**:
- Es gibt eine Urne mit drei verschieden-farbigen Kugel darin. Es werden zwei Kugeln gezogen. Nun ist wichtig zu wissen, ob für das Ergebnis dieses Zufallsversuches die Reihenfolge dies Ziehens wichtig ist und ob die Kugeln nach einmaligen Herausnehmen wieder zurückgelegt werden.
- **Variation mit Zurücklegen.**
- Es gibt $3^2 = 9$ Möglichkeiten, welche dieses Zufallsexperiment liefern könnte.
- Eine Münze wird fünfmal geworfen und die entsprechenden Ereignisse werden notiert.
- Reihenfolge ist wichtig, weil notiert worden; es wird zurückgelegt, da wir sonst nur einmal Kopf und einmal Zahl werfen könnten.
- Dementsprechend ist Ereignismenge $|\Omega| = 32$

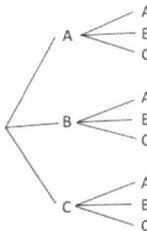

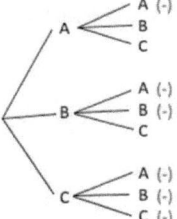

○ **Variation ohne Zurücklegen.**
• In diesem Fall ist es nicht möglich die doppelten Ereignisse AA, BB oder CC zu erhalten, da es von jeder Kugel nur eine gibt.
• Entsprechend wird die Anzahl der Möglichkeiten auf $\frac{3!}{1!}= 6$ beschränkt.
• Bei einem Schwimmtunier für Olympia ist die Reihenfolge derjenigen wichtig, welche ins Ziel hineinschwimmen, aber kann kein Schwimmer gleichzeitig mehrere Plätze belegen.
• Entsprechend ist Ereignismenge $|\Omega| = 10! / 7! = 720$.
○ **Kombination mit Zurücklegen.**
• Nun ist es irrelevant ob BA oder AB gezogen wurde, deshalb entfällt jeweils eines solcher Ereignisse.
• Es gibt nur noch 4! / (2! * 2!) = 6 Möglichkeiten (bloßer Zufall, dass genauso viele wie bei Variation ohne Zurücklegen).
• Beim Würfelspielen sollen mit drei Würfeln die Augensumme 20 gewürfelt werden.
• Ereignismenge $|\Omega| = 8! / (3! * 5!) = 56$
○ **Kombination ohne Zurücklegen.**
• Nun können weder gleiche Ereignisse auftreten, da die Kugeln nach einmaligem Ziehen entfernt werden, noch spielt die Reihenfolge der Kugeln eine Rolle.
• Entsprechend gibt es nur noch 3 über 2 = 3 Möglichkeiten.
• Beim Lottospielen ist die Reihenfolge der Kugeln egal, sie werden anschließend der Größe nach geordnet und auch kann keine Zahl zweimal erscheinen.
• Ereignismenge $|\Omega| = 49!$ über $6! = 13.98$ Millionen.

• **Problemfall: Das Geburtstagsproblem.**
○ Genaues Lesen und nachdenken bei kombinatorischen Fragen!
○ Frage ist, wie hoch die Wahrscheinlichkeit dafür ist, dass mindestens zwei von fünf Personen am gleichen Tag Geburtstag haben (bei „mindestens" Fragen immer über die Gegenwahrscheinlichkeit berechnen).
• n = 365, k = 5, mit Zurücklegen, da wir zwei gleiche Tage suchen, **Variation!**, weil wir alle Möglichkeiten erfassen wollen.
• Ohne Zurücklegen, wenn wir die Gegenwahrscheinlichkeit berechnen wollen würden, da wir somit alle Möglichkeiten berechnen, wie die fünf Geburtstage auf das Jahr über verteilt werden können ohne dass es eine Überschneidung gibt.
○ Berechnung der Ereignismenge $|\Omega| = 365^5 = 6.48 * 10^{12}$
○ Berechnung von $|A_{strich}|$, die Anzahl an Möglichkeiten, welche entstehen, wenn alle fünf Personen an unterschiedlichen Tagen Geburtstag haben sollen.
○ $A_{strich} = 365! / 360! = 6.3 * 10^{12}$ Elemente.
○ $P (A_{strich}) = 0.9729 \quad P (A) = 1 - P (A_{Strich}) = 0.0271 \longrightarrow 2.71\%$

4

- **Bedingte relative Häufigkeit.**
  - P (A|B): P(A) wenn B bereits eingetroffen ist. (| = Bedingungsstrich).
  - **Kontingenztabelle** schätzt Grundgesamtheit ab, erhebt reale Daten.

	m	w	$\sum$
Statistik toll	69	51	120
Statistik furchtbar	21	9	30
$\sum$	90	60	150

- Wenn Zahlen in lediglich ein Ereignis unterteilt werden, ist diese Wahrscheinlichkeit „unrealistischer" als wenn man in mehrere Ereignisse unterteilt und über bedingte Wahrscheinlichkeiten rechnet (120/150 > 69/90).

- **Wichtige Grundsätze der Statistik.**
  - **Satz von Bayes.**
  - P (A|B) = P (A n B) / P (B).
  - Bedingte Wahrscheinlichkeit ist Schnittmenge beider Ereignisse durch Bedingungsmenge B.
  - **Satz der totalen Wahrscheinlichkeit.**
  - P (A) = P (A|B$_1$) * P (B$_1$) + ... + P (A|B$_n$) * P (B$_n$).
  - Wenn Bedingung A von einer unbekannten Bedingung C abhängt, dann kalkuliert man alle Möglichkeiten für C ein und addiert sie zusammen.
  - **Spezialfall des Satz von Bayes.**

$$P(A) = P(A|B) \cdot P(B) + P(A|\bar{B}) \cdot P(\bar{B})$$

- **Stochastische Unabhängigkeit.**
  - Wahrscheinlichkeiten sind stochastisch unabhängig, wenn sich Wahrscheinlichkeit der Schnittmenge über Produkt der Einzelwahrscheinlichkeiten ergibt.

$$P(A \cap B) = P(A) \cdot P(B)$$

  - Unabhängigkeit bedeutet, dass das Eintreten / nicht-Eintreten von A die Wahrscheinlichkeit von B nicht beeinflusst.
  - **Denkfehler.**
  - Wenn Paare stochastisch unabhängig sind, muss Tripel das nicht automatisch auch sein.
  - A und B, B und C sowie C und A sind stochastisch unabhängig, aber deshalb müssen A, B und C nicht automatisch auch stochastisch unabhängig sein.
=> Allerdings kann man schlussfolgern, dass A und B unabhängig sind, dann auch die Gegenereignisse unabhängig sind.

- **Zufallsvariablen – Unterscheidung zwischen diskreten und stetigen.**
  - Diskret: Merkmal kann nur endlich viele Ausprägungen annehmen.
  - Stetig: Merkmal kann unendlich viele Ausprägungen innerhalb eines Intervalls annehmen.
  - Quasi-Stetig: Eigentlich diskret, aber wegen gewaltiger Anzahl wie stetig behandelt.
  - **Beispiele.**
  - Aktienpreis: Quasi-stetig, da sehr viele Werte aber meist immer auf 2 oder 3 Dezimalstellen gerundet.
  - Kinderanzahl: Diskret, da nur ganzzahlige Ergebnisse und nicht beschränkte Anzahl.
  - Zeit beim 100m Lauf: Stetig, da Zeit mit unendlich vielen Nachkommastellen gemessen werden könnte.
  - Körpergröße: Stetig, da immer unterschiedlich.
  - Leitzins: Diskret, da immer gerundet.

- **Diskrete Zufallsvariablen.**
- Vier Ereignisse mit unterschiedlichen Outcome.
- Dreimal Münze werfen und vier verschiedene Gewinne abhängig von Anzahl der geworfenen Wappen.
- Zufallsvariable X ordnet jedem Ereignis aus der Ergebnismenge Ω eine reelle Zahl zu ($X \mid \Omega \rightarrow \mathbb{R}$).
- **Zwei Methoden der Darstellungsweise.**
- **(1) Wahrscheinlichkeitsfunktion f (x).**
- P_r ($X = x$) x = eine der vier möglichen Ausprägungen, wenn z.B. 5, dann ist Ergebnis 0.
- Funktionswerte werden in einem *Stabdiagramm* dargestellt.
- P_r ($X = 1$) = 3/8 da dreimal ein Gewinn von einem Euro herauskommt und es 8 Möglichkeiten gibt.
- **(2) Verteilungsfunktion F (x).**
- P_r ($X \leq x$) Alle Werte welche kleiner gleich x sind, werden aufsummiert und geben die Wahrscheinlichkeit an.
- P_r ($X \leq -10$) = 1/8 Zu 12,5% wird man mindestens 10 Euro verlieren.
- P_r ($X \leq 1$) = 7/8 Zu 87,5% wird man höchstens 1 Euro Gewinn machen.
- Diese Werte können in einer *Verteilungsfunktion* graphisch dargestellt werden.

3 Wappen: 10,-€ Gewinn
2 Wappen: 1,-€ Gewinn
1 Wappen: -1,-€ Gewinn
0 Wappen: -10,-€ Gewinn

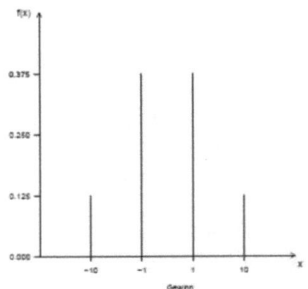

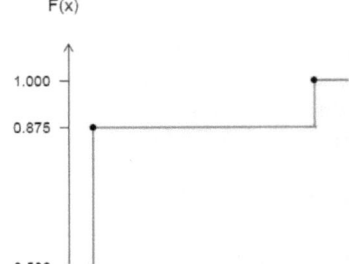

- **Übersicht der Verteilungen.**
- **(1) Diskrete Zufallsvariablen.**
- **(1.1) Bernoulli Verteilung:** Experiment lediglich mit zwei Ereignissen (Erfolg, Misserfolg).
- **(1.2) Binomial Verteilung:** Mehrfache Ausführung eines Bernoulli Experimentes.
- **(1.3) Hypergeometrische Verteilung:** Ziehen ohne zurücklegen.
- **(1.4) Poisson-Verteilung:** Approximation der Binomial Verteilung (wenn n unendlich groß und p unendlich klein wird).

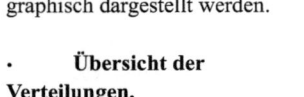
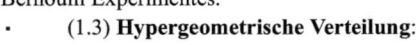

1.) $Pr(a \leq x \leq b) = F(b) - F(a) + Pr\ (X = a)$
2.) $F(x)$ ist monoton steigend;
3.) $\lim\limits_{x \to -\infty} F(x) = 0$;
4.) $\lim\limits_{x \to \infty} F(x) = 1$;
5.) $0 \leq F(x) \leq 1$;
6.) $\lim\limits_{x \to -\infty} f(x) = \lim\limits_{x \to \infty} f(x) = 0$;
7.) Falls X diskret ist, gilt: $\sum\limits_{i=1}^{k} f(x_i) = 1$

- **Verteilungen der Nicht-Pragmatik** (Punktwahrscheinlichkeiten werden aufaddiert).

- **(1) Bernoulli – Verteilung.**
- Es gibt lediglich zwei Ereignisse, welche auftreten können: Erfolg (x = 1) und Misserfolg (x

$$Pr(X = x) = \begin{cases} p^x(1-p)^{1-x}, & \text{if } x = 0 \text{ or } x = 1 \\ 0, & \text{sonst} \end{cases}$$

= 0).

v	f (v) = Pr (X = v)	F (v) = Pr (X ≤ v)
0	1-p = q	1-p = q
1	p	1
2	0	1

- Wird verwendet, wenn ein Zufallsexperiment genau zwei Ausgänge hat und nur einmal durchgeführt wird.

- **(2) Binomial Verteilung.**
- N-fache Wiederholung des Bernoulli Experimentes.
- $P(X = k) = (n) * p^k * (1-p)^{n-k}$.
- Wahrscheinlichkeit, dass bei dreimaligem Münzwerfen einmal Kopf fällt.
- 3 über 1 * $0,5^1$ * $0,5^2$ = 9,6 %
- Bei sehr hohen n pendelt sich höchste Wahrscheinlichkeit beim Erwartungswert (n * p) ein.

- **(3) Hypergeometische Verteilung.**
- $P(X = k) = \frac{(r) * \binom{n-r}{m-k}}{(n)}$.
- In einer Urne liegen n Kugeln, r-Kugeln haben eine gesuchte Eigenschaft (z.B. Farbe rot), n-r Kugeln haben diese Eigenschaft nicht (sind nicht rot).
- Es werden stichprobenartig k Kugeln ohne Zurücklegen gezogen.
→ Wie viele der entnommenen Kugeln k haben die Eigenschaft r?
- M = Anzahl der Elemente in der Grundgesamtheit mit der Eigenschaft r.
- Als Beispiel ist das Lotto-Spiel gedacht.
- N = 49 (weil es 49 Kugeln gibt),
- k = 6 (weil 6 Kugeln gezogen werden),
- r = 6 (weil jede der 49 Kugeln unterschiedlich ist, also sind von 6 Kugeln 6 unterschiedlich).

- **(4) Poisson Verteilung.**
- Grenzwert der Binomialverteilung (n geht gegen ∞, p geht gegen 0).
- **Herleitung**: $neuer Parameter eingefügt: \lambda = n * p \rightarrow p = \frac{\lambda}{n}$.
- $f(x) = \frac{n!}{k! * (n-k)!} * \left(\frac{\lambda}{n}\right)^k * \left(1 - \frac{\lambda}{n}\right)^{n-k} = \frac{n!}{k! * (n-k)!} * \left(\frac{\lambda}{n}\right)^k * \left(1 - \frac{\lambda}{n}\right)^n * \left(1 - \frac{\lambda}{n}\right)^{-k}$.
- $= \frac{1}{k!} * \frac{n!}{(n-k)! * n^k} * \lambda^k * \left(1 - \frac{\lambda}{n}\right)^n * \left(1 - \frac{\lambda}{n}\right)^{-k}$.
- $\lim x \rightarrow \infty \frac{1}{k!} * 1 * \lambda^k * e^{-\lambda} * 1 = \frac{\lambda^k * e^{-\lambda}}{k!}$.

- Praktische Anwendung bei n > 100 und p < 0,1, liefert aber nur Näherungen, exakte Wertermittlung durch Binomialverteilung (zu groß für Taschenrechner).
- $P(X = k) = \frac{\lambda^k}{k!} * e^{-k}, k = 0,1,2....,\lambda > 0\lambda = n * p.$
- Zwei Würfel werden 100 mal gewürfelt, wie hoch ist die Wahrscheinlichkeit dafür, dass keinmal das Augenpaar $\{6, 6\}$ fällt?
- (1) Lösung über Binomialverteilung.
- Pr $(X = 0) = 100$ über $0 * (1/36)^0 * (35/36)^{100} = (35/36)^{100} = 5.98\%$
- (2) Lösung über Poisson Verteilung
- $\frac{(\frac{100}{36})^0 * e^{\frac{-100}{36}}}{0!} = e^{\frac{-100}{36}} = 6.22\%$

- **Stetige Zufallsvariablen.**
- F (x) = Verteilungsfunktion; F ' (x) = f (x) = Dichtefunktion.
- Punktwahrscheinlichkeiten bei stetigen Zufallsvariablen sind definitionsgemäß = 0.
- Nach LaPlace ausgedrückt: Pr $(X = 10) = 1/\infty = 0$
→ Wir beschäftigen uns bei stetigen Zufallsvariablen niemals mit den Punktwahrscheinlichkeiten.
- Entsprechend werden die Punktwahrscheinlichkeiten nicht länger aufsummiert, sondern die Fläche unterhalb der Dichtefunktion berechnet (Integral).
- Anhand der Dichtefunktion kann man nicht länger die Wahrscheinlichkeit ablesen.

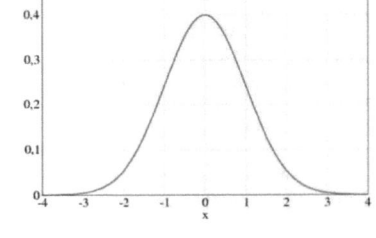

- Bei der Verteilungsfunktion kann man die „höchstens-Wahrscheinlichkeit" allerdings weiter ablesen.
- Man kann lediglich die Intervallwahrscheinlichkeiten berechnen.
- Je höher die Spitzenamplitude im Intervall, desto höher die Intervallwahrscheinlichkeit.
- Aussagen über die Hierarchie sind ableitbar: Liegt Punkt A höher auf der y-Achse als Punkt B, ist A wahrscheinlicher als B und entsprechend auch die sie umgebenden Intervalle.
- f(x) ist zwar immer positiv, liegt aber nicht mehr nur zwischen 0 und 1.

- **Quantile.**
- **Median** ist das Quantil an der Stelle 0,5 der Verteilungsfunktion (50%), gibt einen Wert vor (z.B. 2), welcher zu 50% unterschritten und zu 50% überschritten wird.
- **Unteres Quartils** gibt entsprechend an, dass 75% der Werte innerhalb der Verteilungsfunktion den Wert des unteren Quartils überschreiten.
- **Oberes Quartil** gibt an, dass nur noch 25% der möglichen Ereignisse den Wert des oberen Quartils überschreiten.
- $X_{0,5} = 0$ → 50% der Werte sind positiv, 50% der Werte negativ.
- **Berechnung der Quantile über die Umkehrfunktion.**

1.) $Pr(a \leq x \leq b) = F(b) - F(a)$;
2.) $F(x)$ ist monoton steigend;
3.) $\lim\limits_{x \to -\infty} F(x) = 0$;
4.) $\lim\limits_{x \to \infty} F(x) = 1$;
5.) $0 \leq F(x) \leq 1$;
6.) $\lim\limits_{x \to -\infty} f(x) = \lim\limits_{x \to \infty} f(x) = 0$;
7.) $\int_{-\infty}^{\infty} f(x)dx = 1$;
8.) $F(b) - F(a) = \int_a^b f(x)dx$.

- Bsp. Berechnung des Medians: $F(?) = 0,5 \rightarrow F^{-1}(0,5) = ?$
  - **Zahlenbeispiel.**

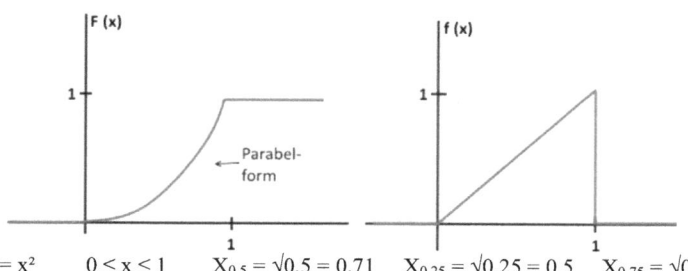

- $F(x) = x^2$ $\quad 0 \leq x \leq 1$ $\quad X_{0,5} = \sqrt{0,5} = 0,71$ $\quad X_{0,25} = \sqrt{0,25} = 0,5$ $\quad X_{0,75} = \sqrt{0,75} = 0,87$

- **Verteilungen der Pragmatik.**

-   (

1) Gleichverteilung.
  - Gilt nur bei besonderen
Dichtefunktionen, welche in jedem Punkt

$$f(x) = \begin{cases} 1/(b-a), & a \leq x \leq b \\ 0, & x < a \text{ oder } x > b \end{cases}$$

innerhalb des Wertebereiches eine gleich-hohe Wahrscheinlichkeit haben (Rechteckverteilung).
  - **Rechenbeispiel**: Berechne die Wahrscheinlichkeit für $P(X < 1,5)$ oder $P(X > 2,5)$ aus

folgender Dichtefunktion $f(x) = \begin{cases} \frac{x}{4} & 0 \leq x \leq 2 \\ 0,5 & 2 \leq x \leq 3 \\ 0 & sonst \end{cases}$.

- **(1) Definition der Phasen.**
- I. $x < 0$ $F(x) = \int_{-\infty}^{0} f(x)dx = 0$.
- II. $0 \leq x \leq 2$ $F(x) = \int_0^x f(x)dx \rightarrow F(x) = \left[\frac{x^2}{8}\right] \rightarrow \frac{x^2}{8} - \frac{0^2}{8} \rightarrow F(x) = \frac{x^2}{8}$.
- III. $2 \leq x \leq 3$ $F(x) = \int_2^x f(x)dx + \int_0^2 f(x)dx \rightarrow \int_2^x 0,5dx + \frac{2^2}{8} - \frac{0^2}{8}$.
- $\Rightarrow F(x) = [0,5x]_2^x + 0,5 = 0,5x - 1 + 0,5 \rightarrow F(x) = 0,5 * (x - 1)$.
- IV. $x > 3$ $F(x) = 1$

- Definition der Verteilungsfunktion: $F(x) = \begin{cases} 0 & x < 0 \\ \frac{x^2}{8} & 0 \leq x \leq 2 \\ 0,5 * (x-1) & 2 \leq x \leq 3 \\ 1 & x > 3 \end{cases}$.

- Berechnung von $F(x < 1,5) + F(x > 2,5) = F(x \leq 1,5) + 1 - F(x \leq 2,5)$
- $\Rightarrow \frac{(1,5)^2}{8} + 1 - (0,5 * (2,5 - 1)) = 0,28125 + 0,25 = 0,53125$.

- **(2) Normalverteilung.**
  - Wichtigste Verteilung für
stetige Variablen, da sich in der
Realität Erfahrungswerte sehr oft an

$$f(x) = \frac{1}{\sigma\sqrt{2\pi}}e^{\left(-\frac{(x-\mu)^2}{2\sigma^2}\right)}, \qquad x \in \mathbb{R}, \ \mu \in \mathbb{R} \text{ und } \sigma > 0$$

9

Normalverteilung annähern.

- Sigmar und My werden noch besprochen.
- Schreibweise der Normalverteilung: $X \sim N\ (\mu, \sigma^2)$.
- Die meisten Ereignisse liegen zwischen den Extremwerten, symmetrische Funktion in Glockenform.
- Sehr realitätsnah, da vom Erwartungswert weg die Anzahl der möglichen Ereignisse abnimmt.

=> Zentraler Grenzwertsatz: Bei unendlich großer Stichprobe n wird sich (fast) jedes Zufallsexperiment an die Normalverteilung annähern.

- Problem: Lediglich Annäherung, nicht das eigentliche; wird auch verwendet, wenn „richtige" Verteilung nicht bekannt ist und liefert deshalb nicht immer die korrekten Werte.
- Aber: Zentraler Grenzwertsatz trifft in vielen bedeutenden Anwendungsgebieten zu, z.B. Value at Risk Berechnung bei Investmentbanken; Extrapolation der Daten und folgende Berechnung des VaR sind ungenauer als Berechnung über Normalverteilung.

- **(2a) Standardnormalverteilung.2**
- Es wurde $\mu = 0$ und $\sigma^2 = 1$ gesetzt $\rightarrow X \sim N\ (0, 1)$.
- Dichtefunktion ist symmetrisch.
- Maximum bei $f(\mu) = \frac{1}{\sqrt{2*\pi*\sigma}}$, Wendepunkte bei $\mu - \sigma$ und $\mu + \sigma$
- Eine Veränderung von μ verschiebt die Dichtefunktion lediglich nach rechts oder links.

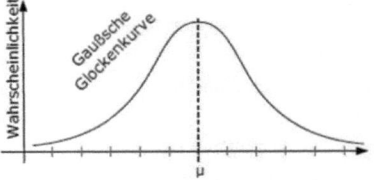

- Eine Veränderung von σ staucht (macht höher, σ verkleinert) oder streckt (macht kleiner, σ vergrößert) die Funktion.
- **Gauß'sche Glockenkurve** mit den Werten f(0) = 0,3989, f(1) = 0,2419, f(4) = 0,0001
- **Bewertung der Normalverteilung.**
- Mit realen Daten wird Rendite modelliert. Modell nähert sich an Normalverteilung an, ist dieser aber nicht gleich. Folge sind zu geringe Rückstellungen, da Renditen als zu hoch eingeschätzt werden. Deshalb sollte man keine realen Daten auswerten, sondern gleich die Normalverteilung in Reinform anwenden.
- $Rendite berechnung: \frac{Kursheute - Kursgestern}{Kursgestern} = \frac{s_t - s_{t-1}}{s_{t-1}}$.

- **Transformation von stetigen Zufallsvariablen.**
- $f_Y(y) = f_X(g^{-1}(y)) * \left| \frac{d}{dy} g^{-1}(y) \right|$.
- Der Goldpreis in € wurde berechnet, es soll aber in $ angegeben werden werden.
- Dafür wird „ungünstige" Zufallsvariable transformiert.
- g(x) sei die Funktion, mit welcher die Zufallsvariable X angepasst werden soll / kann.
- Verkettung der eigentlichen Funktion mit der Inversen der neuen Funktion g.
- Inverse von g bilden und nach y ableiten.

---

[2]Bildquelle: http://www.mathe-seite.de/videos/grafiken/images/w18-1.jpg

- **Gemeinsame Verteilungen – Diskrete Zufallsvariablen.**
- Bisher immer $X \to f(x)$, $F(x)$ betrachtet, nun wird $(X, Y) \to f(x, y)$ und $F(x, y)$ betrachtet.
- $F(x, y) = Pr(X \leq x \cap Y \leq y)$ weil die Schnittmenge beider Zufallsvariablen gesucht wird.
- $A = (x, y)$ $B = (a, b)$ $\to F(x, y) + F(a, b) - F(x, a) - F(y, b)$ entsprechend approximiert, wenn es mehrere Zufallsvariablen gibt.

- Frage nach der Randhäufigkeitsverteilung von X oder Y (Idee der partiellen Ableitungen).
- Wir halten eine Variable konstant und betrachten die Häufigkeiten für alle Werte, welche die andere annehmen kann.
- $p_x(x) = \sum_i p(x, y_i)$.
- **Tabelle bedingte Wahrscheinlichkeiten 3-maliger Münzwurf**
- $X := \text{„Kopf im ersten Wurf“}$ $Y := \text{„Anzahl Kopf in allen Würfen“}$

X Y →	0	1	2	3	$\sum$
0	.0,125	0.25	.0,125	0	0.5
1	0	.0,125	0.25	.0,125	0.5
$\sum$	.0,125	.0,375	.0,375	.0,125	1

- **Gemein same Verteilungen – Stetige Zufallsvariablen.**
- $F(x, y) = Pr(X \leq x \cap Y \leq y) = \iint f(x, y) dx\, dy$ mit in Intervallrändern $-\infty$ bis $+\infty$.
- Gemeinsame Dichtefunktion $f(x, y) = F_{xy}(x, y)$ (partielle Ableitung nach x und dann nach y).

- Randverteilung und Randdichte lassen sich entsprechend berechnen.

$$F_X(x) = \int_{-\infty}^{x} \int_{-\infty}^{\infty} f(u, v)\, du\, dv \quad \text{bzw.} \quad f_X(x) = \int_{-\infty}^{\infty} f(x, y)\, dy$$

- **Bedingte Wahrscheinlichkeiten bei diskreten Zufallsvariablen.**
- Satz von Bayes gilt entsprechend genau wie Satz der totalen Wahrscheinlichkeit.

$$Pr(X = x_i | Y = y_j) = \frac{Pr(X = x_i, Y = y_j)}{Pr(Y = y_j)} = \frac{p_{XY}(x_i, y_j)}{p_Y(y_j)}. \qquad p_X(x) = \sum p_{X|Y}(x|y) p_Y(y)$$

- **Würfelbeispiel von oben.**
- **Dem Satz von Bayes folgend.**
- $Pr(X = 0 | Y = 1) = f(0, 1) / f(1) = 2/3$
- $Pr(X = 1 | Y = 1) = f(1,1) / f(1) = 1/3$
- Dem Satz der totalen Wahrscheinlichkeit folgend.
- $Pr(X = 0) = f(0,0) * f(0) + f(0,1) * f(1) + f(0,2) * f(2) + f(0,3) * f(3) = \frac{1}{2}$

- **Bedingte Wahrscheinlichkeiten bei stetigen Zufallsvariablen.**
- $f(y \mid x) = \frac{f(x,y)}{f(x)} f(x, y) = f(y \mid x) * f(x)$.
- $f(x) = \int_y f(x, y) dy = \int_{-\infty}^{\infty} f(x, y) dy$ Aus $f(x, y)$ y vollständig herausintegrieren.

- **Übersicht Erwartungswerte.**
- (I) Erwartungswerte.
- (I, a) Diskrete Zufallsvariablen.
- (I, b) Stetige Zufallsvariablen.

- (II) Bedingte Erwartungswerte.
- (II, a) Diskrete Zufallsvariablen.
- (II, b) Stetige Zufallsvariablen.
- (III) Varianz.
- (I, a) Diskrete Zufallsvariablen.
- (I, b) Stetige Zufallsvariablen.
- (IV) Kovarianz.
- (V) Korrelation.

- **Wichtige Momente einer Verteilung.**
- **1. Moment: Erwartungswert** (*location parameter*): Wo liegt die Hauptmasse der Verteilung, Höhepunkt der Dichtefunktion.
- **2. Moment: Varianz** (*scale parameter*): Wie ist die Verteilung skaliert, getreckt oder gestaucht, wie nah befindet sich die Verteilung um den Erwartungswert.
- **3. Moment: Schiefe** (*skewness parameter*): Symmetrisch oder nicht.
- **4. Moment: *Kurtosis*:** Wie hoch ist die Wahrscheinlichkeit für das Eintreten von extremen Ereignissen, wie hoch die Wahrscheinlichkeit für Auftreten von Randwerten.

- **Erwartungswerte für diskrete Erwartungswerte.**
- $E(x) = \sum_{i=1}^{n} x_i * f(x_i)$.
- Durchschnitt über alle möglichen Ereignisse wird mit Eintrittswahrscheinlichkeit gewichtet.

Verteilungsart	E (X) = μ
Bernoulli	p
Binomial	n * p
Hypergeometrisch	m * r / n
Poisson	λ

- **Erwartungswert einer stetigen Zufallsvariablen.**
- $E(X) = \mu = \int_{-\infty}^{\infty} x * f(x)dx$.

- **Rechenregeln.**
- 1) E (a * X + b) = a * E (X) + b.
- 2) E (a * X + b * Y) = a * E (X) + b * E(Y)
- 3) $E(\sum_{i=1}^{n} a_i * X_i) = \sum_{i=1}^{n} a_i * E(X_i)$.
- 4) $E(g(x)) = \sum_{i=1}^{n} g(x_i) * f(x_i) bzw. \int_{-\infty}^{\infty} g(x) * f(x)dx$.
- 5) X und Y disjunkt   E (X * Y) = E (X) * E (Y)

- **Bedingter Erwartungswert einer diskreten Zufallsvariablen.**
- $E(X \mid Y = y) = \sum_{i=1}^{n} x_i * P(X = x_i \mid Y = y)$.

- Gesetz der iterativen Erwartungswerte gilt für diskrete wie auch stetige Zufallsvariablen.
- E [E (X|Y)] = E (X).
- Herleitung: $E(E(X \mid Y)) = E(\sum_{i=1}^{n} \quad x * f(x_i, y)) = \sum_{j=1}^{n} \quad (\sum_{i=1}^{n} \quad x * f(x_i, y_j)) *$

$f(y_i)$

$. = \sum_{i=1}^{n} \quad x * \sum_{j=1}^{n*f}(x_i, y_j) * f(y_i) = \sum_{i=1}^{n} \quad x * f(x_i) = E(X)$

- **Bedingter Erwartungswert einer stetigen Zufallsvariable.**
- $E(X \mid Y = y) = \int x * f_{x|y}(x \mid y)dx.$

- **Varianz einer Zufallsvariablen.**
- *Varianz* von X: $\sigma^2 := V(X) := E[(X - E(X))^2]$
- *Standardabweichung* von X: $\sigma = +\sqrt{\sigma} = +\sqrt{(V(X))}$ (weil σ definitionsgemäß positiv ist).

- **Varianz einer diskreten Zufallsvariablen.**
- $V(X) = \sum_{i=1}^{n} \quad (x_i - \mu)^2 * f(x_i).$

Verteilungsart	$V(X) = \sigma^2$
Bernoulli	p
Binomial	n * p * q
Hypergeometrisch	m * (r/n) * (q/n) * ((n – m) / (n - 1))
Poisson	λ

- **Varianz einer stetigen Zufallsvariablen.**
- $V(x) = \sigma^2 = \int_{-\infty}^{\infty} \quad (x - \mu)^2 * f(x)dx.$

- **Rechenregeln für Varianzen.**
- 1) Zerlegungssatz der Varianz: V (X) = E (X²) – E² (X)
- 2) V (a * X) = a² * V (X)
- 3) V (X + a) = V (X)
- 4) X und Y sind disjunkt   V (X + Y) = V (X) + V (Y)
- 5) X und Y sind disjunkt   V (X – Y) = V (X) + V (Y)
- 6) $V(\sum_{i=1}^{n} \quad a_i * X_i) = a_i^2 * \sum_{i=1}^{n} \quad V(X_i).$

- **Kovarianz einer Zufallsvariable.**
- $\sigma_{XY} = Cov(X, Y) = E[(X - E(X)) * (Y - E(Y))].$
- Schwankungen von X und Y als numerischer Wert ausgedrückt.

- **Rechenregeln für die Kovarianz.**
- 1) V (X + Y) = V (X) + V (Y) + 2 * Cov (X, Y)
- 2) Cov (X, Y) = E (XY) – E (X) * E (Y)
- 3) X und Y sind disjunkt   E (XY) = E (X) * E(Y)   und   Cov (X, Y) = 0

- **Korrelation** (Standardisierung der Kovarianz).
- $p_{XY} = \frac{Cov(X,Y)}{\sqrt{V(X)*V(Y)}}$.
- $\rho_{xy} = 0$: Keine Korrelation.
- $\rho_{xy} = 1$: Perfekte positive Korrelation, wenn x schwankt, schwankt y mit dem selben Wert in selbiger Richtung.
- $\rho_{xy} = -1$: Perfekte negative Korrelation, wenn x schwankt, schwankt y mit dem selben Wert in entgegengesetzter Richtung.
- $-1 < \rho_{xy} < 1$: Lediglich Bewertung der Korrelation in „hoch", „mittel" oder „niedrig"; Ergebnis spiegelt keine Prozentzahlen wider.

- **Übungsaufgaben.**
- 1a) Betrachten Sie die Ergebnismenge Ω = {A, B, C, D}, für die folgende Eigenschaften bekannt sind:
- **Gegeben**: $AuBuC = \Omega, P(\bar{C}) = 0,6, P(A \mid B) = 0,25, P(A \mid C) = 0, P(BuC) = P(B) + P(C) = 0,8, P(D) = 0,1, Dn(AuC) = \{/\}$.
- **Gesucht**: $P(B\backslash D), P(A), P(AnB), P(B), P(An(BuC))$.

- 1b) Sind folgende Aussagen korrekt? Begründen, zeigen oder widerlegen Sie jeweils kurz.
- I) B und C sind komplementäre Ereignisse.
- II) B und C sind stochastisch unabhängige Ereignisse.
- III) B und C sind disjunkte Ereignisse.

- 2) Sei X eine Zufallsvariable mit folgender Dichtefunktion wobei c einen konstanten Parameter aus den reellen Zahlen darstellt. $f(x) = \{c - 2 \leq x \leq 5\}$.
- 2a) Bestimmen Sie c, sodass f (x) eine zulässige Dichtefunktion ist. Die Bedingung für die Zulässigkeit lautet $\int f(x)dx = 1$.

- 2b) Bestimmen Sie die Verteilungsfunktion.
- 2c) Welcher Wert wird mit 75%-iger Wahrscheinlichkeit überschritten?

- 3) Ein Spiel werde von 3 Spielern über 2 Runden gespielt, wobei die Runden unabhängig voneinander gespielt werden. Spieler 1 gewinnt eine Runde mit 50%-iger Wahrscheinlichkeit, Spieler 2 mit 30% und Spieler 3 mit 20%.
- Stellen Sie die gemeinsame Verteilungsfunktion an gewonnenen Spielen pro Spieler auf (Kontingenztabelle).

- 4) Es sei F (x) die Verteilungsfunktion der Zufallsvariable X gegeben durch $F(x) =$

$$\begin{cases} 0 & x < -1 \\ \frac{3}{4} * \left(x - \frac{x^3}{3}\right) & -1 \leq x \leq 1 \\ 1 & x > 1 \end{cases}$$

- 4a) Berechnen Sie den Erwartungswert von X.
- 4b) Weiterhin sei Y eine Zufallsvariable mit dem Definitionsbereich $0 \leq y \leq 1 - x^2$

14

- Berechnen Sie die Kovarianz und die Korrelation von X und Y wenn die gemeinsame Dichtefunktion die folgende ist: $f(x, y) = 0,75$

- 5) Gegeben sei die gemeinsame Dichtefunktion $f(x, y) = \frac{3*(2-2x-y)}{2}$ $x = [0,1] y = [0,2 - 2x]$.
- Berechnen Sie den bedingten Erwartungswert E (X, Y).
- **Übungsaufgaben - Lösungen.**
- 1a) Betrachten Sie die Ergebnismenge $\Omega = \{A, B, C, D\}$, für die folgende Eigenschaften bekannt sind:
- **Gegeben**: $AuBuC = \Omega, P(\bar{C}) = 0,6, P(A \mid B) = 0,25, P(A \mid C) = 0, P(BuC) = P(B) + P(C) = 0,8, P(D) = 0,1, Dn(AuC) = \{/\}$.
- **Gesucht**: $P(B\backslash D), P(A), P(AnB), P(B), P(An(BuC))$.

- $P(B) = 0,8 - P(C) = 0,4 \rightarrow P(C) = 1 - P(\bar{C}) = 0,4$.
- $P(A) = 1 - P(B) - P(C) + P(AnB) + P(BnC) + P(AnC) - P(AnBnC)$.
- $. = 1 - 0,4 - 0,4 + 0,1 = 0,3$.
- $P(B\backslash D) = P(B) - P(BnD) = 0,4 - 0,1 = 0,3 \rightarrow P(BnD) = 0,1$.
=> D liegt komplett in B wegen D n (A u C) = { / } und A u B u C = Ω.
- $P(An(BuC)) = P((AnB)u(AnC)) = 0,1 + 0 = 0,1 = P(AnB)$.

- 1b) Sind folgende Aussagen korrekt? Begründen, zeigen oder widerlegen Sie jeweils kurz.
- I) B und C sind komplementäre Ereignisse.
- Falsch, denn dafür müsste deren Vereinigungsmenge = 1 ergeben, laut der Aufgabenstellung aber nur 0,8
- II) B und C sind stochastisch unabhängige Ereignisse.
- Falsch, da P (B n C) = P (B) * P (C) = 0,16 ≠ 0
- III) B und C sind disjunkte Ereignisse.
- Richtig, denn P (B u C) = P (B) + P (C)

- 2) Sei X eine Zufallsvariable mit folgender Dichtefunktion $f(x) = \{c - 2 \le x \le 5\}$ wobei c einen konstanten Parameter aus den reellen Zahlen darstellt.
- 2a) Bestimmen Sie c, sodass f (x) eine zulässige Dichtefunktion ist. Die Bedingung für die Zulässigkeit lautet $\int f(x)dx = 1$.
- $1 = \int_{-2}^{5} f(x)dx = \int_{-2}^{5} cdx = [c*x]_{-2}^{5} = 5c - (-2c) = 7c => c = \frac{1}{7}$.

- 2b) Bestimmen Sie die Verteilungsfunktion.
- $F(x) = \frac{\int_{-2}^{x} 1}{7}dx = \left[\frac{1}{7}*x\right]_{-2}^{x} = \frac{x}{7} + \frac{2}{7} = \frac{x+2}{7} = \frac{1}{7}*(x+2)$.

$$F(x) = \begin{cases} 0 & x < -2 \\ \frac{x+2}{7} & -2 \le x \le 5 \\ 1 & x > 5 \end{cases}.$$

2c) Welcher Wert wird mit 75%-iger Wahrscheinlichkeit überschritten?

Unteres Quartil $X_{0,25} \to F(X) = \frac{1}{7} * (x + 2) = 0{,}25 => x + 2 = 1{,}75 => x = -0{,}25$.

$X_{0,25} = -0{,}25$.

3) Ein Spiel werde von 3 Spielern über 2 Runden gespielt, wobei die Runden unabhängig voneinander gespielt werden. Spieler 1 gewinnt eine Runde mit 50%-iger Wahrscheinlichkeit, Spieler 2 mit 30% und Spieler 3 mit 20%.

Stellen Sie die gemeinsame Verteilungsfunktion an gewonnenen Spielen pro Spieler auf (Kontingenztabelle).

$S_1 = 0$											
	$S_2 = 0$				$S_2 = 0$				$S_2 = 0$		
	0	1	2		0	1	2		0	1	2
S_3 0	/	/	0,09	0	/	0,3	/	0	0,25	/	/
1	/	0,12	/	1	0,2	/	/	1	/	/	/
2	0,04	/	/	2	/	/	/	2	/	/	/

Randwahrscheinlichkeiten				
	0	1	2	Σ
S_1	1/4	1/2	1/4	1
S_2	49/100	42/100	9/100	1
S_3	16/25	8/25	1/25	1

4) Es sei F (x) die Verteilungsfunktion der Zufallsvariable X gegeben durch $F(x) =$

$$\begin{cases} 0 & x < -1 \\ \frac{3}{4} * \left(x - \frac{x^3}{3}\right) & -1 \le x \le 1 \\ 1 & x > 1 \end{cases}$$

4a) Berechnen Sie den Erwartungswert von X.

$f(x) = F'(x) = \frac{3}{4} * (1 - x^2) => f(x) = \begin{cases} \frac{3}{4} * (1 - x^2) & -1 \le x \le 1 \\ & sonst \end{cases}.$

$E(x) = \int_{-1}^{1} \frac{x*3}{4} * (1 - x^2) = \int_{-1}^{1} \frac{3}{4} * (x - x^3) = \left[\frac{e}{4} * \left(\frac{x^2}{2} - \frac{x^4}{4}\right)\right]_{-1}^{1}.$

$. = \frac{3}{4} * \left(\frac{1}{2} - \frac{1}{4}\right) - \frac{3}{4} * \left(-\frac{1}{2} - \frac{1}{4}\right) = 0.$

- 4b) Weiterhin sei Y eine Zufallsvariable mit dem Definitionsbereich $0 \leq y \leq 1 - x^2$
- Berechnen Sie die Kovarianz und die Korrelation von X und Y wenn die gemeinsame Dichtefunktion die folgende ist: $f(x,y) = 0{,}75$.
- $Cov(X,Y) = E(X * Y) - E(X) * E(Y)$.
- $E(X * Y) = \int_{-1}^{1} \left(x * \int_{0}^{1-x^2} \frac{y*3}{4} dy \right) dx = \int_{-1}^{1} \left(\left[\frac{3}{8} * y^2 * x \right]_{0}^{1-x^2} \right) dx$.
- $. = \frac{3}{8} * x * (1 - x^2)^2 = \frac{3}{8} * (x - 2x^3 - x^5)$.
- $\int_{-1}^{1} \frac{3}{8} * (x - 2x^3 + x^5) dx = \left[\frac{3}{8} * \left(\frac{1}{2} * x^2 - \frac{1}{2} * x^4 + \frac{1}{6} * x^6 \right) \right]_{-1}^{1}$.
- $. = \left(\frac{3}{8} * \left(\frac{1}{2} - \frac{1}{2} + \frac{1}{6} \right) \right) - \left(\frac{3}{8} * \left(\frac{1}{2} - \frac{1}{2} + \frac{1}{6} \right) \right) = 0$.

$\Rightarrow$ Cov $(X, Y) = 0$; $p_{XY} = 0$.

- 5) Gegeben sei die gemeinsame Dichtefunktion $f(x,y) = \frac{3*(2-2x-y)}{2}$ $x = [0,1]$ $y = [0, 2 - 2x]$
- Berechnen Sie den bedingten Erwartungswert E (X, Y).
- $f(y \mid x) = \frac{f(x,y)}{f(x)}$.
- $f(x) = \int_{-\infty}^{\infty} f(x,y) dy = \int_{0}^{2-2x} \frac{2}{3} * (2 - 2x - y) dy = \left[3y - 3xy - \frac{3}{4}y^2 \right]_{0}^{2-2x} = 3x^2 - 6x + 3$.

$\Rightarrow f(x) = \{3x^2 - 6x + 3 \quad 0 \leq x \leq 1\}$.

- $f(y \mid x) = \frac{\frac{3}{2}*(2-2x-y)}{3x^2-6x+3} = -\frac{1}{2} * \left(\frac{y+2x-2}{x^2-2x+1} \right)$.
- $E(Y \mid X) = \int_{0}^{2-2x} y * \left(-\frac{1}{2} * \left(\frac{y+2x-2}{x^2-2x+1} \right) \right) dy = \int_{0}^{2-2x} -\frac{1}{2} * \left(\frac{y^2+2xy-2y}{x^2-2x+1} \right) dy$.
- $. = \left[-\frac{1}{2} * \left(\frac{y^2+2xy-2y}{x^2-2x+1} \right) \right]_{0}^{2-2x} = \frac{2}{3} * (1 - x)$.